curio?idad por

EL HOCKEY HIELO

POR LISA M. BOLT SIMONS

AMICUS

¿Qué te causa

curiosidad?

CAPÍTULO TRES

3

Jugar el juego
PÁGINA
16

Curiosidad por es una publicación de Amicus
P.O. Box 227, Mankato, MN 56002
www.amicuspublishing.us

Editora: Alissa Thielges
Diseñadora de la serie: Kathleen Petelinsek
Diseñadora de libro: Lori Bye
Investigación fotográfica: Omay Ayres

Información del catálogo de publicaciones
de la biblioteca del congreso
Names: Simons, Lisa M. Bolt, 1969- author.
Title: Curiosidad por el hockey hielo / por Lisa M. Bolt Simons.
Other titles: Curious about hockey. Spanish
Description: Mankato, MN: Amicus, [2024] | Series: Curiosidad por los deportes | Includes index. | Audience: Ages 6–9 | Audience: Grades 2–3 | Summary: "Conversational questions and answers, translated into Spanish, share what kids can expect when they join a hockey team, including gear to pack, basic rules, and what position to play"—Provided by publisher.
Identifiers: LCCN 2022048076 (print) | LCCN 2022048077 (ebook) | ISBN 9781681529196 (paperback) | ISBN 9781645496014 (library binding) | ISBN 9781645496311 (ebook)
Subjects: LCSH: Hockey—Juvenile literature.
Classification: LCC GV847.25 .S49418 2024 (print) | LCC GV847.25 (ebook) | DDC 796.962—dc23/eng/20221013
LC record available at https://lccn.loc.gov/2022048076
LC ebook record available at https://lccn.loc.gov/2022048077

Photo credits: Dreamstime/Katatonia82 18–19, Luca Marella 11 (team logos), Sports Images cover, 1; Getty/anton5146 20–21, Design Pics 2 (r), Larry Williams 5, Portland Press Herald 13, Tony Anderson 14–15; Shutterstock/fotoscool 17 (b), Klara_Steffkova 11 (trophy), Lorraine Swanson 6–7, Lucky Business 17 (t), Mert Toker 12, robinart 9, Sergey Novikov 10

Impreso en China

¿Y si no sé patinar?

¡No hay problema! Un amigo o tus padres te pueden enseñar. También hay clases. Te enseñan a desplazarte sobre el hielo. Trabajan en la **coordinación** y la fuerza. Las clases tienen juegos y son divertidas. ¡Luego aprendes hockey sobre hielo!

¿SABÍAS?
La Liga Nacional de Hockey (NHL) empezó en 1917. Allí es donde juegan los profesionales.

Un lago congelado es un buen lugar para practicar patinaje sobre hielo.

¿Por qué los patines son holgados, pero el casco ajustado?

Los patines de hockey sobre hielo tienen protección adicional en los dedos y el talón.

Los patines son más rígidos que los zapatos. Los lados son holgados para darte mayor comodidad. También tus dedos deben tener espacio para moverse. Ajusta bien los cordones. Asegúrate de que tu talón toque la parte de atrás. Esto le dará soporte a tu tobillo. El casco va ajustado para proteger tu cabeza de una **conmoción cerebral**.

¿Tengo que usar todos estos protectores?

¡Sí! Te mantienen a salvo. El hielo y los discos son duros. Los protectores protegen todas las partes de tu cuerpo si te caes o si te pega el disco. Los protectores también te mantienen a salvo si chocas contra otros jugadores.

SABÍAS?
¡El disco puede viajar a 100 millas (106 km) por hora!

pantalones de hockey

casco

camiseta

hombreras

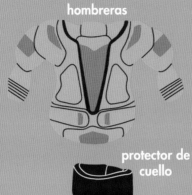

espinilleras

calcetines

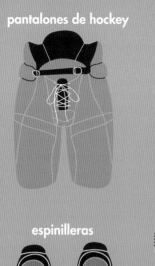

protector de cuello

palo

protector bucal

casco

guantes

protector de cuello

camiseta

coderas

pantalones de hockey

patines

palo

calcetines

guantes

patines

CAPÍTULO DOS

¿En qué equipo puedo jugar?

UNIRSE A UN EQUIPO

Los niños juegan hockey con otros niños de su edad.

Los equipos se basan en la edad. Los niños de seis años o menos juegan en la categoría 6U. Si tienes ocho años o menos, puedes unirte a la 8U, y así sucesivamente. Los nombres y las **mascotas** serán diferentes. Por ejemplo, tu equipo puede ser el 6U Green o el 8U Falcons. El hockey sobre hielo se juega en todo Estados Unidos y Canadá.

 MONTRÉAL CANADIENS **23**

 TORONTO MAPLE LEAFS **13**

 DETROIT RED WINGS **13**

 BOSTON BRUINS **6**

 CHICAGO BLACKHAWKS **6**

¿*Qué tan* temprano son las prácticas?

Los equipos a veces practican antes del inicio de clases. ¡Sí, es temprano! Prepárate yendo a dormir temprano la noche anterior. Además, ten tu equipo ya empacado en el auto. Claro que los horarios de práctica dependen del entrenador y del equipo.

Antes de que comience la práctica, los jugadores hacen estiramientos sobre el hielo.

¿Puedo pedir prestado el palo de otra persona?

¡Claro, si no quieres jugar bien! Tu palo debe estar hecho a tu medida. Debe llegarte a la barbilla cuando tienes los patines puestos. No consigas uno que sea demasiado alto ni demasiado corto. La curva de la cuchilla dependerá de qué mano usas para tirar. A medida que crezcas y te vuelvas más alto, necesitarás un palo nuevo.

Los jugadores le agregan cinta a sus palos para mejorar el agarre del disco.

CAPÍTULO TRES

¿Cómo juego hockey?

Cada equipo tiene seis jugadores a la vez sobre la pista de hielo. Tres **delanteros** trabajan en conjunto para anotar. Dos **defensores** tratan de evitar que el otro equipo anote. El **portero** en el arco trata de detener el disco. Tus compañeros de equipo se quedan en el banco y rotan en las posiciones.

F delantero

D defensa

G portero

Un jugador defiende el disco frente al otro equipo.

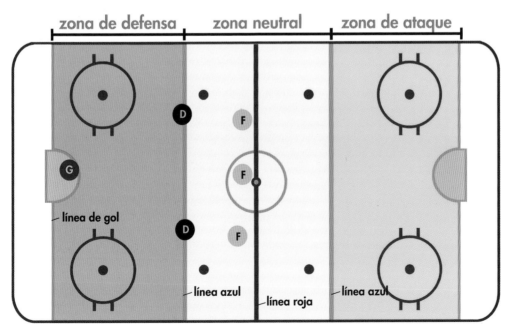

zona de defensa   zona neutral   zona de ataque

G

línea de gol

D

D

F

F

F

línea azul

línea roja

línea azul

dirección del juego

¿Qué significa el silbato?

El silbato detiene el juego. El **árbitro** hace sonar el silbato por muchas razones, por ejemplo, cuando hay offside o una **penalización**. Offside significa que un jugador entró patinando a la zona de ataque antes que el disco. Puede aplicarse una penalización por hacer tropezar o sujetar a un adversario.

Después de que suena el silbato, dos jugadores se enfrentan para reiniciar el juego.

¿SABÍAS?
Cuando un jugador anota tres goles en un partido se le llama hat trick.

¿Cómo anoto puntos?

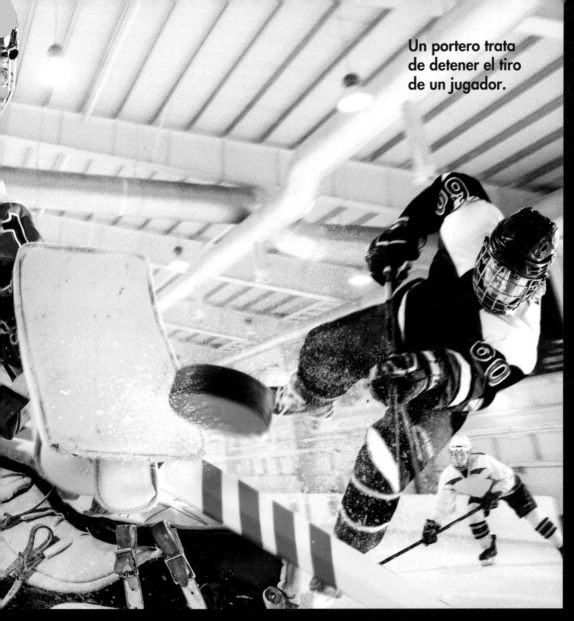

Un portero trata de detener el tiro de un jugador.

¡Mete el disco en el arco del otro equipo! Para hacer esto, el equipo trabaja en conjunto. Los jugadores patinan de ida y vuelta. Se pasan el disco mutuamente. Cuando hay espacio libre frente al arco, un jugador tira. ¡Un gol es un punto para tu equipo!

HAZ MÁS PREGUNTAS

¿Qué edad debes tener para empezar a jugar hockey?

¿Cómo sé con qué mano debo tirar?

Prueba con una PREGUNTA GRANDE:
¿Cómo te mantiene saludable el hockey?

BUSCA LAS RESPUESTAS

Busca en el catálogo de la biblioteca o en Internet.

Pueden ayudarte tus padres, un bibliotecario o un maestro.

Usar palabras clave.

Busca la lupa.

Las palabras clave son las palabras más importantes de tu pregunta.

?

Si quieres saber sobre:

- cuándo puedes empezar a jugar hockey, escribe: EDAD PARA EMPEZAR HOCKEY

- con qué mano tirar, escribe: MANEJO DEL PALO DE HOCKEY

GLOSARIO

ÍNDICE

árbitro Persona que se asegura de que los jugadores actúen de acuerdo con las reglas de un juego o deporte.

conmoción cerebral Lesión cerebral causada por un golpe repentino a la cabeza.

coordinación La capacidad para mover bien o con facilidad diferentes partes de tu cuerpo al mismo tiempo.

delantero Jugador que trata de anotar.

defensor Jugador que protege su arco y al portero.

mascota Animal o personaje elegido por un equipo para representarlo.

penalización Castigo por romper alguna regla durante el juego.

portero El jugador que protege el arco y trata de evitar que el disco entre en él.

Acerca de la autora

Lisa M. Bolt Simons es una escritora y educadora jubilada que vive en Minnesota. Durante más de 10 años fue una madre dedicada a acompañar a sus hijos mellizos en la práctica de sus deportes favoritos: hockey sobre hielo en el caso del varón y carreras de cross country en el caso de su hija mujer. Le encanta investigar para escribir libros infantiles.